बाइबिल के याद करने वाले वचन - भाग 2

| 6 से 12 साल के बच्चों के लिए |

| कई विषयों के साथ |

| 365 ज़रूरी वचन |

येसुदास सालोमोन

WOG BOOKS 198

First Edition 2026

Author:

येसुदास सालोमोन / Yesudas Solomon

Bible Minutes, a unit of Word of God Ministries,
www.WordOfGod.in

Download:

www.WordOfGod.in & www.Archive.org

Contact Us:

Email: wordofgod@wordofgod.in

WhatsApp: +91 7676 50 5599

विषय-सूची

मेरे दो शब्द

परमेश्वर के महान नाम में प्रेम भरा नमस्कार!

यह दूसरी पुस्तक आपको सौंपते हुए हमें बेहद खुशी हो रही है। आपके बच्चे परमेश्वर के वचनों को याद करें, इसके लिए आपने जो प्रयास किया है और जो नेक विचार रखा है, उसे पूरा करने में परमेश्वर हर तरह से आपकी मदद करें।

मुझे उम्मीद है कि इससे पहले आपने 'भाग 1' में दिए गए 100 छोटे वचनों को याद कर लिया होगा । अगर नहीं, तो मेरा आपसे निवेदन है कि आप उन वचनों को भी कंठस्थ (याद) करें। परमेश्वर के वचनों को अपने हृदय में बसाने से मिलने वाली आशीषें अनगिनत हैं। परमेश्वर की इच्छा को जानने का यह सबसे बेहतरीन तरीका है। जब ये वचन बच्चों के दिलों में होंगे, तो सही समय आने पर परमेश्वर उन्हें ये वचन याद दिलाकर अपनी इच्छा के अनुसार उनका मार्गदर्शन करेंगे।

उपयोग करने का तरीका:

हर एक वचन का अर्थ बच्चों को समझाना बहुत ज़रूरी है। आप इस पुस्तक का उपयोग नीचे दिए गए किसी भी तरीके से कर सकते हैं:

- संडे स्कूल (Sunday Class) में
- छुट्टियों के बाइबल स्कूल (VBS) में

- घर पर हर दिन एक वचन के रूप में
- घर पर हर हफ्ते एक वचन के रूप में
- घर पर हर महीने 1, 2 या 3 वचन के रूप में
- कलीसिया (Church) की यूथ मीटिंग (Youth Meeting) में
- वार्षिक बाइबल परीक्षा (Annual Bible Exam) में
- बाइबल क्विज़ (Bible Quiz) में
- और भी कई तरीकों से...

मैंने यहाँ केवल कुछ ही उदाहरण दिए हैं। आपके और आपके बच्चों के लिए जो भी तरीका सबसे अच्छा हो, आप उसे अपनाएँ।

बाइबल के वचनों को याद करना शुरू करने से पहले यह प्रार्थना ज़रूर करें:

"इन वचनों के द्वारा मुझे सभी आत्मिक और सांसारिक आशीषें प्राप्त हों।"

परमेश्वर निश्चित रूप से अपने वचनों के द्वारा मिलने वाली आशीषें आपको देंगे। आमीन।

- लेखक

9-May-2026

स्तुति

1. यहोवा का धन्यवाद करो, क्योंकि वह भला है; और उसकी करुणा सदा की है। - भजन संहिता 136:1
2. आज वह दिन है जो यहोवा ने बनाया है; हम इस में मगन और आनन्दित हों। - भजन संहिता 118:24
3. याह की स्तुति करो! यहोवा के लिये नया गीत गाओ, और भक्तों की सभा में उसकी स्तुति करो! - भजन संहिता 149:1
4. याह की स्तुति करो! क्योंकि अपने परमेश्वर का भजन गाना भला है; क्योंकि वह मनभावन है, और उसकी स्तुति करना उचित है। - भजन संहिता 147:1
5. मैं अपने सम्पूर्ण मन से तेरा धन्यवाद करूँगा; देवताओं के सामने मैं तेरा भजन गाऊँगा। - भजन संहिता 138:1

पहाड़ी उपदेश

6. धन्य हैं वे, जो मन के दीन हैं, क्योंकि स्वर्ग का राज्य उन्हीं का है। - मत्ती 5:3
7. धन्य हैं वे, जो शोक करते हैं, क्योंकि वे शान्ति पाएंगे। - मत्ती 5:4
8. धन्य हैं वे, जो नम्र हैं, क्योंकि वे पृथ्वी के अधिकारी होंगे। - मत्ती 5:5

9. धन्य हैं वे, जो धर्म के भूखे और प्यासे हैं, क्योंकि वे तृप्त किए जाएंगे। - मत्ती 5:6
10. धन्य हैं वे, जो दयावन्त हैं, क्योंकि उन पर दया की जाएगी। - मत्ती 5:7
11. धन्य हैं वे, जिनके मन शुद्ध हैं, क्योंकि वे परमेश्वर को देखेंगे। - मत्ती 5:8
12. धन्य हैं वे, जो मेल कराने वाले हैं, क्योंकि वे परमेश्वर के पुत्र कहलाएंगे। - मत्ती 5:9
13. तुम जगत की ज्योति हो; जो नगर पहाड़ पर बसा हुआ है, वह छिप नहीं सकता। - मत्ती 5:14

प्रभु की प्रार्थना

14. अत: तुम इस रीति से प्रार्थना किया करो: 'हे हमारे पिता, तू जो स्वर्ग में है; तेरा नाम पवित्र माना जाए। - मत्ती 6:9
15. तेरा राज्य आए। तेरी इच्छा जैसी स्वर्ग में पूरी होती है, वैसे पृथ्वी पर भी हो। - मत्ती 6:10
16. हमारी दिन भर की रोटी आज हमें दे। - मत्ती 6:11
17. और जिस प्रकार हम ने अपने अपराधियों को क्षमा किया है, वैसे ही तू भी हमारे अपराधों को क्षमा कर। - मत्ती 6:12

18. और हमें परीक्षा में न ला, परन्तु बुराई से बचा; क्योंकि राज्य और पराक्रम और महिमा सदा तेरे ही हैं। आमीन। - मत्ती 6:13

आत्मा का फल

19. पर आत्मा का फल प्रेम, आनन्द, शान्ति, धीरज, कृपा, भलाई, विश्वास, - गलातियों 5:22
20. नम्रता, और संयम हैं; ऐसे ऐसे कामों के विरोध में कोई भी व्यवस्था नहीं। - गलातियों 5:23
21. क्योंकि ज्योति का फल सब प्रकार की भलाई, और धार्मिकता, और सत्य है। - इफिसियों 5:9

छोटे वचन

22. परन्तु परमेश्वर का वचन बढ़ता और फैलता गया। - प्रेरितों के काम 12:24
23. हे भाइयो, हमारे लिये प्रार्थना करो। - 1 थिस्सलुनीकियों 5:25
24. इन बातों की आज्ञा दे, और शिक्षा करता रह। - 1 तीमुथियुस 4:11

25. मैं मनुष्यों से आदर नहीं चाहता। - यूहन्ना 5:41
26. और यदि परमेश्वर चाहे, तो हम यही करेंगे। - इब्रानियों 6:3
27. मैं अपनी सेवा की बड़ाई करता हूं। - रोमियों 11:13
28. और उन्होंने कुशल का मार्ग नहीं जाना। - रोमियों 3:17
29. मध्यस्थ केवल एक का नहीं होता, परन्तु परमेश्वर एक ही है। - गलातियों 3:20
30. कोई समझदार नहीं, कोई परमेश्वर का खोजने वाला नहीं। - रोमियों 3:11
31. तुम इन सब बातों के गवाह हो। - लूका 24:48
32. सब से अन्तिम बैरी जो नाश किया जाएगा वह मृत्यु है। - 1 कुरिन्थियों 15:26
33. मसीह यीशु के अच्छे योद्धा की नाईं मेरे साथ दु:ख उठा। - 2 तीमुथियुस 2:3
34. और उस नगर में बड़ा आनन्द हुआ। - प्रेरितों के काम 8:8
35. उन विधवाओं का जो सचमुच विधवा हैं आदर कर। - 1 तीमुथियुस 5:3
36. देखी हुई वस्तुएं थोड़े ही दिन की हैं, परन्तु अनदेखी वस्तुएं सदा बनी रहती हैं। - 2 कुरिन्थियों 4:18
37. पर हम में से हर एक को मसीह के दान के परिमाण के अनुसार अनुग्रह मिला है। - इफिसियों 4:7

38. जो टेढ़ा है, वह सीधा नहीं हो सकता, और जितनी बातों में घटी है, वे गिनी नहीं जा सकतीं। - सभोपदेशक 1:15

परमेश्वर

39. पर्वतों के उत्पन्न होने से पहिले, और पृथ्वी और जगत के रचे जाने से भी पहिले, वरन अनादिकाल से अनन्तकाल तक तू ही परमेश्वर है। - भजन संहिता 90:2

40. यहोवा महान और अति स्तुति के योग्य है, और उसकी बड़ाई अगम्य है। - भजन संहिता 145:3

41. परमेश्वर हमारा शरणस्थान और बल है, संकट में अति सहज से मिलने वाला सहायक। - भजन संहिता 46:1

42. प्रभु तो आत्मा है: और जहां कहीं प्रभु का आत्मा है वहां स्वतंत्रता है। - 2 कुरिन्थियों 3:17

43. यहोवा सभों के लिये भला है, और उसकी दया उसकी सारी सृष्टी पर है। - भजन संहिता 145:9

44. क्योंकि बुद्धि यहोवा ही देता है; ज्ञान और समझ की बातें उसी के मुंह से निकलती हैं। - नीतिवचन 2:6

45. परन्तु जो घमण्ड करे वह प्रभु पर घमण्ड करे। - 2 कुरिन्थियों 10:17

46. मनुष्यों की आज्ञा से बढ़कर परमेश्वर की आज्ञा का पालन करना ही कर्तव्य कर्म है। - प्रेरितों के काम 5:29

47. यहोवा पर सदा भरोसा रख, क्योंकि प्रभु यहोवा सनातन चट्टान है। - यशायाह 26:4

48. क्योंकि परमेश्वर ने जगत से ऐसा प्रेम रखा कि उस ने अपना एकलौता पुत्र दे दिया, ताकि जो कोई उस पर विश्वास करे, वह नाश न हो, परन्तु अनन्त जीवन पाए। - यूहन्ना 3:16

49. अच्छा चरवाहा मैं हूं; अच्छा चरवाहा भेड़ों के लिये अपना प्राण देता है। - यूहन्ना 10:11

50. सो तुम चाहे खाओ, चाहे पियो, चाहे जो कुछ करो, सब कुछ परमेश्वर की महिमा के लिये करो। - 1 कुरिन्थियों 10:31

51. वह यहां नहीं है, परन्तु अपने वचन के अनुसार जी उठा है; आओ, यह स्थान देखो, जहां प्रभु पड़ा था। - मत्ती 28:6

52. यीशु ने उस से कहा, मार्ग और सत्य और जीवन मैं ही हूं; बिना मेरे द्वारा कोई पिता के पास नहीं पहुंच सकता। - यूहन्ना 14:6

53. तुम्हारा मन व्याकुल न हो; तुम परमेश्वर पर विश्वास रखते हो मुझ पर भी विश्वास रखो। - यूहन्ना 14:1

54. क्योंकि परमेश्वर ने हमें भय की नहीं पर सामर्थ, और प्रेम, और संयम की आत्मा दी है। - 2 तीमुथियुस 1:7
55. वह थके हुए को बल देता है और शक्तिहीन को बहुत सामर्थ देता है। - यशायाह 40:29
56. परन्तु जो यहोवा की बाट जोहते हैं, वे नया बल प्राप्त करते जाएंगे, वे उकाबों की नाईं उड़ेंगे, वे दौड़ेंगे और श्रमित न होंगे, चलेंगे और थकित न होंगे॥ - यशायाह 40:31
57. यहूदी और यूनानी में कुछ भेद नहीं, इसलिये कि वह सभों का प्रभु है; और अपने सब नाम लेवाओं के लिये उदार है। - रोमियों 10:12
58. हम इसलिये प्रेम करते हैं, कि पहिले उस ने हम से प्रेम किया। - 1 यूहन्ना 4:19
59. चोर किसी और काम के लिये नहीं परन्तु केवल चोरी करने और घात करने और नष्ट करने को आता है। मैं इसलिये आया कि वे जीवन पाएं, और बहुतायत से पाएं। - यूहन्ना 10:10
60. यहोवा का भय मानना बुद्धि का मूल है; बुद्धि और शिक्षा को मूढ़ ही लोग तुच्छ जानते हैं॥ - नीतिवचन 1:7

"वचन" परमेश्वर के शब्द

61. परमेश्वर का एक एक वचन ताया हुआ है; जो उसकी शरण लेते हैं उनके लिये वह ढाल ठहरा है। - नीतिवचन 30:5

62. क्योंकि यहोवा का वचन सीधा है; और उसका सब काम सच्चाई से होता है। - भजन संहिता 33:4

63. तेरा वचन मेरे पांव के लिये दीपक, और मेरे मार्ग के लिये उजियाला है। - भजन संहिता 119:105

64. और ये आज्ञाएं जो मैं आज तुझ को सुनाता हूं वे तेरे मन में बनी रहें; - व्यवस्थाविवरण 6:6

65. क्योंकि परमेश्वर का प्रेम यह है, कि हम उस की आज्ञाओं को मानें; और उस की आज्ञाएं कठिन नहीं। - 1 यूहन्ना 5:3

66. शिक्षा को सुनो, और बुद्धिमान हो जाओ, और इस विषय में अनसुनी न करो। - नीतिवचन 8:33

67. मैं ने तेरे वचन को अपने हृदय में रख छोड़ा है, कि तेरे विरुद्ध पाप न करूं। - भजन संहिता 119:11

68. और तुम सत्य को जानोगे, और सत्य तुम्हें स्वतंत्र करेगा। - यूहन्ना 8:32

69. मैं यहोवा की बाट जोहता हूं, मैं जी से उसकी बाट जोहता हूं, और मेरी आशा उसके वचन पर है। - भजन संहिता 130:5

70. परन्तु वचन पर चलने वाले बनो, और केवल सुनने वाले ही नहीं जो अपने आप को धोखा देते हैं। - याकूब 1:22

प्रार्थना

71. जो तुम्हें स्राप दें, उन को आशीष दो: जो तुम्हारा अपमान करें, उन के लिये प्रार्थना करो। - लूका 6:28
72. और जो कुछ तुम प्रार्थना में विश्वास से मांगोगे वह सब तुम को मिलेगा। - मत्ती 21:22
73. और अपनी सारी चिन्ता उसी पर डाल दो, क्योंकि उस को तुम्हारा ध्यान है। - 1 पतरस 5:7
74. जागते रहो और प्रार्थना करते रहो कि तुम परीक्षा में न पड़ो: आत्मा तो तैयार है, पर शरीर दुर्बल है। - मरकुस 14:38
75. आशा में आनन्दित रहो; क्लेश में स्थिर रहो; प्रार्थना में नित्य लगे रहो। - रोमियों 12:12
76. प्रार्थना में लगे रहो, और धन्यवाद के साथ उस में जागृत रहो। - कुलुस्सियों 4:2
77. यदि तुम में कोई दु:खी हो तो वह प्रार्थना करे: यदि आनन्दित हो, तो वह स्तुति के भजन गाए। - याकूब 5:13
78. किसी भी बात की चिन्ता मत करो: परन्तु हर एक बात में तुम्हारे निवेदन, प्रार्थना और बिनती के द्वारा धन्यवाद के साथ

परमेश्वर के सम्मुख अपस्थित किए जाएं। - फिलिप्पियों 4:6

बच्चे

79. देखो, लड़के यहोवा के दिए हुए भाग हैं, और गर्भ का फल उसकी ओर से प्रतिफल है। - भजन संहिता 127:3
80. बूढ़ों का मुकुट उनके नाती पोते हैं, और बालकों की शोभा उनके माता-पिता हैं। - नीतिवचन 17:6
81. धर्मी का पिता बहुत मगन होता है, और बुद्धिमान उत्पन्न करने वाला उसके कारण आनन्दित होता है। - नीतिवचन 23:24
82. ऐसा ही तुम्हारे पिता की जो स्वर्ग में है इच्छा नहीं, कि इन छोटों में से एक भी नाश हो। - मत्ती 18:14
83. हे बालको, अपने आप को मूरतों से बचाए रखो। आमीन। - 1 यूहन्ना 5:21
84. लड़का भी अपने कामों से पहिचाना जाता है, कि उसका काम पवित्र और सीधा है वा नहीं। - नीतिवचन 20:11
85. मेरे लिये इस से बढ़कर और कोई आनन्द नहीं, कि मैं सुनूं, कि मेरे बच्चे सत्य पर चलते हैं। - 3 यूहन्ना 1:4

86. देखो, तुम इन छोटों में से किसी को तुच्छ न जानना; क्योंकि मैं तुम से कहता हूं, कि स्वर्ग में उनके दूत मेरे स्वर्गीय पिता का मुंह सदा देखते हैं। - मत्ती 18:10

87. हे बालको, तुम परमेश्वर के हो, और तुम ने उन पर जय पाई है; क्योंकि जो तुम में है वह उस से जो संसार में है, बड़ा है। - 1 यूहन्ना 4:4

88. इसलिये अब हे लड़कों, मेरी सुनो; क्या ही धन्य हैं वे जो मेरे मार्ग को पकड़े रहते हैं। - नीतिवचन 8:32

89. हे लड़कों, आओ, मेरी सुनो, मैं तुम को यहोवा का भय मानना सिखाऊंगा। - भजन संहिता 34:11

90. पर यीशु ने कहा, बालकों को मेरे पास आने दो और उन्हें मना न करो; क्योंकि स्वर्ग का राज्य ऐसों ही का है। - मत्ती 19:14

91. और उस ने उन्हें गोद में लिया और उन पर हाथ रखकर उन्हें आशीष दी। - मरकुस 10:16

92. और जो कोई मेरे नाम से एक ऐसे बालक को ग्रहण करता है वह मुझे ग्रहण करता है। - मत्ती 18:5

माता-पिता की आज्ञा मानना

93. हे मेरे पुत्र, अपने पिता की शिक्षा पर कान लगा, और अपनी माता की शिक्षा को न तज; - नीतिवचन 1:8

94. हे लड़कों, प्रभु में अपने माता-पिता के आज्ञाकारी बनो, क्योंकि यह उचित है। - इफिसियों 6:1

95. हे बालको, सब बातों में अपने माता पिता की आज्ञा का पालन करो, क्योंकि प्रभु इस से प्रसन्न होता है। - कुलुस्सियों 3:20

96. क्योंकि वे मानो तेरे सिर के लिये शोभायमान मुकुट, और तेरे गले के लिये कन्ठिया होंगी॥ - नीतिवचन 1:9

97. "कि तेरा भला हो, और तू धरती पर बहुत दिन जीवित रहे।" - इफिसियों 6:3

98. "अपनी माता और पिता का आदर कर" (यह पहिली आज्ञा है, जिस के साथ प्रतिज्ञा भी है)। - इफिसियों 6:2

मनुष्य बंदर से नहीं आया, उसे परमेश्वर ने रचा है

99. और यहोवा परमेश्वर ने आदम को भूमि की मिट्टी से रचा, और उसके नथनों में जीवन का श्वास फूंक दिया; और आदम जीवित प्राणी बन गया। - उत्पत्ति 2:7

100. तब परमेश्वर ने मनुष्य को अपने स्वरूप के अनुसार उत्पन्न किया, अपने ही स्वरूप के अनुसार परमेश्वर ने उसको उत्पन्न किया; नर और नारी करके उसने मनुष्यों की सृष्टि की। - उत्पत्ति 1:27

101. परमेश्वर की आत्मा ने मुझे बनाया है, और सर्वशक्तिमान की श्वास से मुझे जीवन मिलता है। - अय्यूब 33:4

102. तेरे हाथों ने मुझे बनाया और रचा है; मुझे समझ दे कि मैं तेरी आज्ञाओं को सीखूं! - भजन संहिता 119:73

103. मैं तेरा धन्यवाद करूंगा, इसलिये कि मैं भयानक और अद्भुत रीति से रचा गया हूं। तेरे काम तो आश्चर्यकर्म हैं, और मैं इसे भली भांति जानता हूं। - भजन संहिता 139:14

104. जब मैं गुप्त में बनाया जाता, और पृथ्वी के नीचे स्थानों में रचा जाता था, तब मेरी हड्डियां तुझ से छिपी न थीं। - भजन संहिता 139:15

105. तेरी आंखों ने मेरे बेडौल तत्व को देखा; और मेरे सब अवयव जो दिन दिन बनते जाते थे वे रचे जाने से पहिले तेरी पुस्तक में लिखे हुए थे॥ - भजन संहिता 139:16

महाविस्फोट का सिद्धांत (बिग बैंग थ्योरी) अप्रमाणित है - परमेश्वर ने सब कुछ रचा है

106. आदि में परमेश्वर ने आकाश और पृथ्वी की सृष्टि की। - उत्पत्ति 1:1

107. सब कुछ उसी के द्वारा उत्पन्न हुआ; और जो कुछ उत्पन्न हुआ है, उस में से कोई भी वस्तु उसके बिना उत्पन्न नहीं हुई। - यूहन्ना 1:3

108. क्योंकि उसी में सारी वस्तुओं की सृष्टि हुई, स्वर्ग की हो अथवा पृथ्वी की, देखी या अनदेखी, क्या सिंहासन, क्या प्रभुतायें, क्या प्रधानतायें, क्या अधिकार, सारी वस्तुएं उसी के द्वारा और उसी के लिये सृजी गई हैं। - कुलुस्सियों 1:16

109. आकाशमण्डल यहोवा के वचन से, और उसके सारे गण उसके मुंह की श्वास से बने हैं। - भजन संहिता 33:6

110. उसी ने पृथ्वी को अपनी सामर्थ से बनाया, और जगत को अपनी बुद्धि से स्थापित किया, और आकाश को अपनी समझ से तान दिया है। - यिर्मयाह 10:12

111. क्योंकि छ: दिन में यहोवा ने आकाश, और पृथ्वी, और समुद्र, और जो कुछ उन में है, सब को बनाया, और सातवें दिन विश्राम किया... - निर्गमन 20:11

112. विश्वास ही से हम जान जाते हैं, कि सारी सृष्टि की रचना परमेश्वर के वचन के द्वारा हुई है; यह नहीं, कि जो कुछ

देखने में आता है, वह देखी हुई वस्तुओं से बना हो। - इब्रानियों 11:3

113. और यह कि हे प्रभु, आदि में तू ने पृथ्वी की नेव डाली, और स्वर्ग तेरे हाथों की कारीगरी है। - इब्रानियों 1:10

114. आकाश परमेश्वर की महिमा वर्णन कर रहा है; और आकाशमण्डल उसकी हस्तकला को प्रगट कर रहा है। - भजन संहिता 19:1

115. हे हमारे प्रभु, और परमेश्वर... तू ही ने सब वस्तुएं सृजीं और वे तेरी ही इच्छा से थीं, और सृजी गईं। - प्रकाशितवाक्य 4:11

116. क्योंकि वे तो जान बूझकर यह भूल गए, कि परमेश्वर के वचन के द्वारा से आकाश प्राचीन काल से वर्तमान है और पृथ्वी भी जल में से बनी और जल में स्थिर है। - 2 पतरस 3:5

117. इन्हीं के द्वारा उस युग का जगत जल में डूब कर नाश हो गया। - 2 पतरस 3:6

क्षमा

118. एक दूसरे पर कृपालु, और करूणामय हो, और जैसे परमेश्वर ने मसीह में तुम्हारे अपराध क्षमा किए, वैसे ही तुम भी एक दूसरे के अपराध क्षमा करो। - इफिसियों 4:32

119. फिर उस ने उस स्त्री से कहा, तेरे पाप क्षमा हुए। - लूका 7:48

120. यदि हम अपने पापों को मान लें, तो वह हमारे पापों को क्षमा करने, और हमें सब अधर्म से शुद्ध करने में विश्वासयोग्य और धर्मी है। - 1 यूहन्ना 1:9

121. तब यदि मेरी प्रजा के लोग जो मेरे कहलाते हैं, दीन हो कर प्रार्थना करें और मेरे दर्शन के खोजी हों, और अपनी बुरी चाल से फिरें, तो मैं स्वर्ग में से सुन कर उनका पाप क्षमा करूंगा और उनके देश को ज्यों का त्यों कर दूंगा। - 2 इतिहास 7:14

उपदेश

122. जो पुराना सिवाना तेरे पुरखाओं ने ठहराया हो, उसे न बढ़ाना। - नीतिवचन 22:28

123. बुराई से बचे, और भलाई ही करे; शान्ति को ढूंढ़े, और उसके यत्न में रहे। - 1 पतरस 3:11

124. यदि हम अपने आप को जांचते, तो दण्ड न पाते। - 1 कुरिन्थियों 11:31

125. धोखा न खाना, बुरी संगति अच्छे चरित्र को बिगाड़ देती है। - 1 कुरिन्थियों 15:33

126. तू अपनी समझ का सहारा न लेना, वरन सम्पूर्ण मन से यहोवा पर भरोसा रखना। - नीतिवचन 3:5

127. उसी को स्मरण करके सब काम करना, तब वह तेरे लिये सीधा मार्ग निकालेगा। - नीतिवचन 3:6

128. जैसा तुम्हारा पिता दयावन्त है, वैसे ही तुम भी दयावन्त बनो। - लूका 6:36

129. इसलिये मन फिराओ और लौट आओ कि तुम्हारे पाप मिटाए जाएं। - प्रेरितों के काम 3:19

130. प्रभु में सदा आनन्दित रहो; मैं फिर कहता हूं, आनन्दित रहो। - फिलिप्पियों 4:4

131. सच्चा गवाह झूठ नहीं बोलता, परन्तु झूठा गवाह झूठ ही बका करता है। - नीतिवचन 14:5

132. और जैसा तुम चाहते हो कि लोग तुम्हारे साथ करें, तुम भी उन के साथ वैसा ही करो। - लूका 6:31

133. दोष मत लगाओ, कि तुम पर भी दोष न लगाया जाए। - मत्ती 7:1

134. बुद्धिमानों की संगति कर, तब तू भी बुद्धिमान हो जाएगा, परन्तु मूर्खों का साथी नाश हो जाएगा। - नीतिवचन 13:20

135. हर एक जन जैसा मन में ठाने वैसा ही दान करे; न कुढ़ कुढ़ के, और न दबाव से, क्योंकि परमेश्वर हर्ष से देने वाले से प्रेम रखता है। - 2 कुरिन्थियों 9:7

दस आज्ञाएं

136. तू मुझे छोड़ दूसरों को परमेश्वर करके न मानना। - निर्गमन 20:3

137. तू अपने लिये कोई मूर्ति खोदकर न बनाना, न किसी की प्रतिमा बनाना, जो आकाश में, वा पृथ्वी पर, वा पृथ्वी के जल में है। तू उन को दण्डवत न करना, और न उनकी उपासना करना। - निर्गमन 20:4-5

138. तू अपने परमेश्वर यहोवा का नाम व्यर्थ न लेना। - निर्गमन 20:7

139. तू विश्रामदिन को पवित्र मानने के लिये स्मरण रखना। - निर्गमन 20:8

140. तू अपने पिता और अपनी माता का आदर करना, जिस से जो देश तेरा परमेश्वर यहोवा तुझे देता है उस में तू बहुत दिन तक रहने पाए। - निर्गमन 20:12

141. तू खून न करना। - निर्गमन 20:13

142. तू व्यभिचार न करना। - निर्गमन 20:14

143. तू चोरी न करना। - निर्गमन 20:15

144. तू किसी के विरुद्ध झूठी गवाही न देना। - निर्गमन 20:16

145. तू किसी के घर का लालच न करना; न तो किसी की स्त्री का लालच करना, और न किसी के दास-दासी, वा बैल गदहे का, न किसी की किसी वस्तु का लालच करना। - निर्गमन 20:17

परमेश्वर के सारे हथियार

146. इसलिये सत्य से अपनी कमर कसकर, और धार्मीकता की झिलम पहिन कर खड़े रहो। - इफिसियों 6:14

147. और पांवों में मेल के सुसमाचार की तैयारी के जूते पहिन कर। - इफिसियों 6:15

148. और उन सब के साथ विश्वास की ढाल लेकर स्थिर रहो जिस से तुम उस दुष्ट के सब जलते हुए तीरों को बुझा सको। - इफिसियों 6:16

149. और उद्धार का टोप, और आत्मा की तलवार जो परमेश्वर का वचन है, ले लो। - इफिसियों 6:17

12 प्रेरित

150. उन बारह प्रेरितों के नाम ये हैं: पहिला शमौन जो पतरस कहलाता है, और उसका भाई अन्द्रियास; जब्दी का पुत्र याकूब, और उसका भाई यूहन्ना। - मत्ती 10:2

151. फिलिप्पुस और बरतुल्मै; थोमा और मत्ती महसूल लेने वाला; हलफई का पुत्र याकूब, और तद्दै। - मत्ती 10:3

152. शमौन कनानी, और यहूदा इस्करियोती जिस ने उसे पकड़वा भी दिया॥ - मत्ती 10:4

पवित्र आत्मा के नौ वरदान

153. वरदान तो कई प्रकार के हैं, परन्तु आत्मा एक ही है। - 1 कुरिन्थियों 12:4

154. और सेवा भी कई प्रकार की है, परन्तु प्रभु एक ही है। - 1 कुरिन्थियों 12:5

155. और प्रभावशाली कार्य कई प्रकार के हैं, परन्तु परमेश्वर एक ही है, जो सब में हर प्रकार का प्रभाव उत्पन्न करता है। - 1 कुरिन्थियों 12:6

156. परन्तु सब के लाभ के लिये हर एक को आत्मा का प्रकाश दिया जाता है। - 1 कुरिन्थियों 12:7

157. क्योंकि एक को आत्मा के द्वारा बुद्धि की बातें दी जाती हैं; और दूसरे को उसी आत्मा के अनुसार ज्ञान की बातें। - 1 कुरिन्थियों 12:8

158. और किसी को उसी आत्मा से विश्वास; और किसी को उसी एक आत्मा से चंगा करने का वरदान दिया जाता है। - 1 कुरिन्थियों 12:9

159. और फिर किसी को सामर्थ के काम करने की शक्ति; और किसी को भविष्यद्वाणी की; और किसी को आत्माओं की परख, और किसी को अनेक प्रकार की भाषा; और किसी को भाषाओं का अर्थ बताना। - 1 कुरिन्थियों 12:10

160. परन्तु ये सब प्रभावशाली कार्य वही एक आत्मा करवाता है, और जिसे जो चाहता है वह बांट देता है। - 1 कुरिन्थियों 12:11

प्रेम

161. प्रेम धीरजवन्त है, और कृपालु है; प्रेम डाह नहीं करता; प्रेम अपनी बड़ाई नहीं करता, और फूलता नहीं। - 1 कुरिन्थियों 13:4

162. वह अनरीति नहीं चलता, वह अपनी भलाई नहीं चाहता, झुंझलाता नहीं, बुरा नहीं मानता। - 1 कुरिन्थियों 13:5

163. कुकर्म से आनन्दित नहीं होता, परन्तु सत्य से आनन्दित होता है। - 1 कुरिन्थियों 13:6

164. वह सब बातें सह लेता है, सब बातों की प्रतीति करता है, सब बातों की आशा रखता है, सब बातों में धीरज धरता है। - 1 कुरिन्थियों 13:7

165. प्रेम कभी टलता नहीं; भविष्यद्वाणियां हों, तो समाप्त हो जाएंगी, भाषाएं हो तो जाती रहेंगी; ज्ञान हो, out मिट जाएगा। - 1 कुरिन्थियों 13:8

166. क्योंकि हमारा ज्ञान अधूरा है, और हमारी भविष्यद्वाणी अधूरी। - 1 कुरिन्थियों 13:9

167. परन्तु जब सर्वसिद्ध आएगा, तो अधूरा मिट जाएगा। - 1 कुरिन्थियों 13:10

168. पर अब विश्वास, आशा, प्रेम ये तीनों स्थायी हैं, पर इन में सब से बड़ा प्रेम है। - 1 कुरिन्थियों 13:13

169. क्योंकि परमेश्वर का प्रेम यह है, कि हम उस की आज्ञाओं को मानें; और उस की आज्ञाएं कठिन नहीं। - 1 यूहन्ना 5:3

कलीसिया का उपदेश

170. एक ही देह है, और एक ही आत्मा; जैसे तुम्हें जो बुलाए गए थे अपने बुलाए जाने से एक ही आशा है। - इफिसियों 4:4

171. एक ही प्रभु है, एक ही विश्वास, एक ही बपतिस्मा। - इफिसियों 4:5

172. और सब का एक ही परमेश्वर और पिता है, जो सब के ऊपर और सब के मध्य में, और सब में है। - इफिसियों 4:6

पांच प्रकार की सेवा

173. जिस से पवित्र लोग सेवा के काम के लिये तैयार हों, और मसीह की देह उन्नति पाए। - इफिसियों 4:12

174. और उस ने कुछ को प्रेरित नियुक्त करके, और कुछ को भविष्यद्वक्ता नियुक्त करके, और कुछ को सुसमाचार सुनाने वाले नियुक्त करके, और कुछ को रखवाले और उपदेशक नियुक्त करके दे दिया। - इफिसियों 4:11

धर्मी मनुष्य कौन है?

175. परन्तु यदि कोई मनुष्य धर्मी हो, और जो न्याय और ठीक है उसी को करे, - यहेजकेल 18:5

176. अर्थात् पहाड़ों पर न खाए, न इस्राएल के घराने की मूरतों की ओर आंखें लगाए, न अपने पड़ोसी की पत्नी को अशुद्ध करे, न ऋतुमती स्त्री के पास जाए, - यहेजकेल 18:6

177. और किसी पर अन्धेर न करे, परन्तु जो बन्धक उस ने कर्ज में लिया हो उसे फेर दे; किसी को न लूटे, परन्तु अपनी रोटी भूखों को दे, और नंगे को कपड़े पहिनाए, - यहेजकेल 18:7

178. ब्याज पर न दे, और न लाभ ले, और अपना हाथ अन्याय से खींचे रहे, और मनुष्य मनुष्य के बीच सच्चा न्याय करे, - यहेजकेल 18:8

179. और मेरी विधियों पर चले, और मेरे नियमों को मानकर सच्चाई से काम करे; तो वह धर्मी है, और निश्चय जीवित रहेगा, परमेश्वर यहोवा की यही वाणी है। - यहेजकेल 18:9

स्वर्ग कौन जाएगा?

180. हे यहोवा, तेरे तम्बू में कौन रहेगा? तेरे पवित्र पर्वत पर कौन बसने पाएगा? - भजन संहिता 15:1

181. वह जो खराई से चलता और धर्म के काम करता है, और हृदय से सच बोलता है; - भजन संहिता 15:2

182. जो अपनी जीभ से निन्दा नहीं करता, और न अपने मित्र की बुराई करता है, और न अपने पड़ोसी की नामधराई सुनता है; - भजन संहिता 15:3

183. जिसकी दृष्टि में निकम्मा मनुष्य तुच्छ है, और जो यहोवा के डरवैयों का आदर करता है; जो शपथ खाकर बदलता नहीं, चाहे उसका नुक्सान ही क्यों न हो; - भजन संहिता 15:4

184. जो अपना रूपया ब्याज पर नहीं देता, और निर्दोष की हानि करने के लिये घूस नहीं लेता है। जो कोई ऐसी चाल चलता है वह कभी न डगमगाएगा॥ - भजन संहिता 15:5

बुद्धिमान मनुष्य

185. इसलिये जो कोई मेरी ये बातें सुनकर उन्हें मानता है वह उस बुद्धिमान मनुष्य की नाईं ठहरेगा जिस ने अपना घर चट्टान पर बनाया। - मत्ती 7:24

186. और मेंह बरसा, और बाढ़ें आईं, और आन्धियां चलीं, और उस घर पर टक्करें लगीं, परन्तु वह नहीं गिरा, क्योंकि उसकी नेव चट्टान पर डाली गई थी। - मत्ती 7:25

187. और जो कोई मेरी ये बातें सुनता है और उन पर नहीं चलता वह उस निर्बुद्धि मनुष्य की नाईं ठहरेगा जिस ने अपना घर बालू पर बनाया। - मत्ती 7:26

188. और मेंह बरसा, और बाढ़ें आईं, और आन्धियां चलीं, और उस घर पर टक्करें लगीं और वह गिरकर सत्यानाश हो गया॥ - मत्ती 7:27

प्रतिज्ञाएं

189. युद्ध के दिन के लिये तो घोड़ा तैयार किया जाता है, परन्तु जय यहोवा ही से मिलती है। - नीतिवचन 21:31

190. मैं तुझे बुद्धि दूंगा, और जिस मार्ग में तुझे चलना होगा उस में तेरी अगुवाई करूंगा; मैं तुझ पर कृपादृष्टि रखूंगा और सम्मति दिया करूंगा। - भजन संहिता 32:8

191. धन्य हो तू नगर में, धन्य हो तू खेत में। - व्यवस्थाविवरण 28:3

192. ढाढ़स बांधो! मैं ने संसार को जीत लिया है। - यूहन्ना 16:33

193. धन्य हो तू भीतर आते समय, और धन्य हो तू बाहर जाते समय। - व्यवस्थाविवरण 28:6

194. और मैं तुझ से एक बड़ी जाति बनाऊंगा, और तुझे आशीष दूंगा, और तेरा नाम बड़ा करूंगा, और तू आशीष का मूल होगा। - उत्पत्ति 12:2

195. जो तुझे आशीर्वाद दें, उन्हें मैं आशीष दूंगा; और जो तुझे कोसे, उसे मैं शाप दूंगा। - उत्पत्ति 12:3

196. परन्तु नम्र लोग पृथ्वी के अधिकारी होंगे, और बड़ी शान्ति के कारण आनन्द मनाएंगे। - भजन संहिता 37:11

197. वह दिन भर अनुग्रह करता और उधार देता है, और उसके वंश पर आशीष होती है॥ - भजन संहिता 37:26

198. बुराई को छोड़ और भलाई कर; और तू सर्वदा बना रहेगा। - भजन संहिता 37:27

199. धर्मी लोग पृथ्वी के अधिकारी होंगे, और उस में सदा बसे रहेंगे। - भजन संहिता 37:29

200. उसके परमेश्वर की व्यवस्था उसके हृदय में बनी रहती है, उसके पैर नहीं फिसलते॥ - भजन संहिता 37:31

201. धर्मियों की मुक्ति यहोवा की ओर से होती है; संकट के समय वह उनका दृढ़ गढ़ है। - भजन संहिता 37:39

202. तेरे दासों के सन्तान तो बनी रहेगी, और उनका वंश तेरे साम्हने स्थिर रहेगा॥ - भजन संहिता 102:28

203. याह की स्तुति करो! क्या ही धन्य है वह पुरुष जो यहोवा का भय मानता है, और उसकी आज्ञाओं से अति प्रसन्न रहता है! - भजन संहिता 112:1

204. उसका वंश पृथ्वी पर पराक्रमी होगा; सीधे लोगों की सन्तान आशीष पाएगी। - भजन संहिता 112:2

205. क्योंकि मैं प्यासी भूमि पर जल और सूखी भूमि पर नदियां बहाऊंगा; - यशायाह 44:3a

206. मैं तेरे वंश पर अपनी आत्मा और तेरी सन्तान पर अपनी आशीष उंडेलूंगा। - यशायाह 44:3b

207. जो धर्मी खराई से चलता है, उसके बाद उसके लड़केबाले भी धन्य होते हैं। - नीतिवचन 20:7

208. और वे मेरी प्रजा ठहरेंगे, और मैं उनका परमेश्वर ठहरूंगा। - यिर्मयाह 32:38

209. क्या मैं ने तुझे आज्ञा नहीं दी? हियाव बान्धकर दृढ़ हो जा; भय न खा, और तेरा मन कच्चा न हो; क्योंकि जहां जहां तू जाएगा वहां वहां तेरा परमेश्वर यहोवा तेरे संग रहेगा॥ - यहोशू 1:9

210. मत डर, क्योंकि मैं तेरे संग हूं, इधर उधर मत ताक, क्योंकि मैं तेरा परमेश्वर हूं; मैं तुझे दृढ़ करूंगा और तेरी सहायता करूंगा, अपने धर्ममय दाहिने हाथ से मैं तुझे सम्हाले रहूंगा। - यशायाह 41:10

211. क्योंकि मैं तेरा परमेश्वर यहोवा, तेरा दाहिना हाथ पकड़कर कहूंगा, मत डर, मैं तेरी सहायता करूंगा॥ - यशायाह 41:13

212. यहोवा पर सदा भरोसा रख, क्योंकि प्रभु यहोवा सनातन चट्टान है। - यशायाह 26:4

213. हे सब परिश्रम करने वालों और बोझ से दबे लोगों, मेरे पास आओ; मैं तुम्हें विश्राम दूंगा। - मत्ती 11:28

214. मेरा अनुग्रह तेरे लिये बहुत है; क्योंकि मेरी सामर्थ निर्बलता में सिद्ध होती है। - 2 कुरिन्थियों 12:9

215. परन्तु जो यहोवा की बाट जोहते हैं, वे नया बल प्राप्त करते जाएंगे, वे उकाबों की नाईं उड़ेंगे, वे दौड़ेंगे और श्रमित न होंगे, चलेंगे और थकित न होंगे॥ - यशायाह 40:31

216. क्योंकि यहोवा की यह वाणी है, कि जो कल्पनाएं मैं तुम्हारे विषय करता हूं उन्हें मैं जानता हूं, वे हानी की नहीं, वरन कुशल ही की हैं, और अन्त में तुम्हारी आशा पूरी करूंगा। - यिर्मयाह 29:11

217. तब परमेश्वर की शान्ति, जो समझ से बिलकुल परे है, तुम्हारे हृदय और तुम्हारे विचारों को मसीह यीशु में सुरक्षित रखेगी। - फिलिप्पियों 4:7

218. जो बातें तुम ने मुझ से सीखीं, और ग्रहण की, और सुनी, और मुझ में देखीं, उन्हीं का पालन किया करो, तब परमेश्वर जो शान्ति का सोता है तुम्हारे साथ रहेगा॥ - फिलिप्पियों 4:9

219. क्योंकि जो कोई प्रभु का नाम लेगा, वह उद्धार पाएगा। - रोमियों 10:13

220. यहोवा आप ही तुम्हारे लिये लड़ेगा, इसलिये तुम चुपचाप रहो॥ - निर्गमन 14:14

221. प्रभु के साम्हने दीन हो जाओ, तो वह तुम्हें बढ़ाएगा। - याकूब 4:10

222. जो मुझे सामर्थ देता है उस में मैं सब कुछ कर सकता हूं। - फिलिप्पियों 4:13

223. और हम जानते हैं, कि जो लोग परमेश्वर से प्रेम रखते हैं, उन के लिये सब बातें मिलकर भलाई ही को उत्पन्न करती

है; अर्थात उन्हीं के लिये जो उस की इच्छा के अनुसार बुलाए हुए हैं। - रोमियों 8:28

224. पर यदि तुम में से किसी को बुद्धि की घटी हो, तो परमेश्वर से मांगे, जो बिना उलाहना दिए सब को उदारता से देता है; और उस को दी जाएगी। - याकूब 1:5

225. इसलिये परमेश्वर के आधीन हो जाओ; और शैतान का साम्हना करो, तो वह तुम्हारे पास से भाग जाएगा। - याकूब 4:7

226. जो पुत्र पर विश्वास करता है, अनन्त जीवन उसका है। - यूहन्ना 3:36

227. इसलिये यदि पुत्र तुम्हें स्वतंत्र करेगा, तो सचमुच तुम स्वतंत्र हो जाओगे। - यूहन्ना 8:36

228. मैं तुम से सच सच कहता हूं कि यदि कोई व्यक्ति मेरे वचन पर चलेगा, तो वह अनन्त काल तक मृत्यु को न देखेगा। - यूहन्ना 8:51

229. इसलिये मैं तुम से कहता हूं, कि जो कुछ तुम प्रार्थना करके मांगो तो प्रतीति कर लो कि तुम्हें मिल गया, और तुम्हारे लिये वैसा ही हो जाएगा। - मरकुस 11:24

230. और मेरा परमेश्वर भी अपने उस धन के अनुसार जो महिमा सहित मसीह यीशु में है तुम्हारी हर एक घटी को पूरी करेगा। - फिलिप्पियों 4:19

231. धर्मी दोहाई देते हैं और यहोवा सुनता है, और उन को सब विपत्तियों से छुड़ाता है। - भजन संहिता 34:17

232. यहोवा टूटे मन वालों के समीप रहता है, और पिसे हुओं का उद्धार करता है। - भजन संहिता 34:18

भजन संहिता 1

233. क्या ही धन्य है वह पुरुष जो दुष्टों की युक्ति पर नहीं चलता, और न पापियों के मार्ग में खड़ा होता; और न ठट्ठा करने वालों की मण्डली में बैठता है! - भजन संहिता 1:1

234. परन्तु वह तो यहोवा की व्यवस्था से प्रसन्न रहता; और उसकी व्यवस्था पर रात दिन ध्यान करता रहता है। - भजन संहिता 1:2

235. वह उस वृक्ष के समान है, जो बहती नालियों के किनारे लगाया गया है। और अपनी ऋतु में फलता है, और जिसके पत्ते कभी नहीं मुरझाते। इसलिये जो कुछ वह पुरुष करे वह सफल होता है। - भजन संहिता 1:3

236. दुष्ट लोग ऐसे नहीं होते, वे उस भूसी के समान होते हैं, जो पवन से उड़ाई जाती है। - भजन संहिता 1:4

237. इस कारण दुष्ट लोग अदालत में स्थिर न रह सकेंगे, और न पापी धर्मी लोगों की मण्डली में ठहरेंगे; - भजन संहिता 1:5

238. क्योंकि यहोवा धर्मियों का मार्ग जानता है, परन्तु दुष्टों का मार्ग नाश हो जाएगा॥ - भजन संहिता 1:6

भजन संहिता 23

239. यहोवा मेरा चरवाहा है, मुझे कुछ घटी न होगी। - भजन संहिता 23:1

240. वह मुझे हरी हरी चराइयों में बैठाता है; वह मुझे सुखदाई जल के झरने के पास ले चलता है; - भजन संहिता 23:2

241. वह मेरे जी में जी ले आता है। धर्म के मार्गो में वह अपने नाम के निमित्त मेरी अगुवाई करता है। - भजन संहिता 23:3

242. चाहे मैं घोर अन्धकार से भरी हुई तराई में होकर चलूं, तौभी हानि से न डरूंगा, क्योंकि तू मेरे साथ रहता है; तेरे सोंटे और तेरी लाठी से मुझे शान्ति मिलती है॥ - भजन संहिता 23:4

243. तू मेरे सताने वालों के साम्हने मेरे लिये मेज बिछाता है; तू ने मेरे सिर पर तेल मला है, मेरा कटोरा उमण्ड रहा है। - भजन संहिता 23:5

244. निश्चय भलाई और करूणा जीवन भर मेरे साथ साथ बनी रहेंगी; और मैं यहोवा के धाम में सर्वदा वास करूंगा॥ - भजन संहिता 23:6

भजन संहिता 91

245. जो परमप्रधान के छाए हुए स्थान में बैठा रहे, वह सर्वशक्तिमान की छाया में ठिकाना पाएगा। - भजन संहिता 91:1

246. मैं यहोवा के विषय कहूंगा, कि वह मेरा शरणस्थान और गढ़ है; वह मेरा परमेश्वर है, मैं उस पर भरोसा रखूंगा। - भजन संहिता 91:2

247. वह तो तुझे बहेलिये के जाल से, और महामारी से बचाएगा; - भजन संहिता 91:3

248. वह तुझे अपने पंखों की आड़ में ले लेगा, और तू उसके परों के नीचे शरण पाएगा; उसकी सच्चाई तेरे लिये ढाल और झिलम ठहरेगी। - भजन संहिता 91:4

249. तू न रात के भय से डरेगा, और न उस तीर से जो दिन को उड़ता है, - भजन संहिता 91:5

250. न उस मरी से जो अन्धेरे में फैलती है, और न उस महारोग से जो दिन दुपहरी में उजाड़ता है॥ - भजन संहिता 91:6

251. तेरे निकट हजार, और तेरी दाहिनी ओर दस हजार गिरेंगे; परन्तु वह तेरे पास न आएगा। - भजन संहिता 91:7

252. परन्तु तू अपनी आंखों से दृष्टि करेगा और दुष्टों के अन्त को देखेगा॥ - भजन संहिता 91:8

253. हे यहोवा, तू मेरा शरणस्थान ठहरा है। तू ने जो परमप्रधान को अपना धाम मान लिया है, - भजन संहिता 91:9

254. इसलिये कोई विपत्ति तुझ पर न पड़ेगी, न कोई दुःख तेरे डेरे के निकट आएगा॥ - भजन संहिता 91:10

255. क्योंकि वह अपने दूतों को तेरे निमित्त आज्ञा देगा, कि जहां कहीं तू जाए वे तेरी रक्षा करें। - भजन संहिता 91:11

256. वे तुझ को हाथों हाथ उठा लेंगे, ऐसा न हो कि तेरे पांवों में पत्थर से ठेस लगे। - भजन संहिता 91:12

257. तू सिंह और नाग को कुचलेगा, तू जवान सिंह और अजगर को लताड़ेगा॥ - भजन संहिता 91:13

258. उसने जो मुझ से स्नेह किया है, इसलिये मैं उसको छुड़ाऊंगा; मैं उसको ऊंचे स्थान पर बैठाऊंगा, क्योंकि उसने मेरा नाम जान लिया है। - भजन संहिता 91:14

259. वह मुझ को पुकारेगा, और मैं उसकी सुनूंगा; संकट में मैं उसके संग रहूंगा, मैं उसको बचाकर उसकी महिमा बढ़ाऊंगा। - भजन संहिता 91:15

260. मैं उसको दीर्घायु से तृप्त करूंगा, और अपने किए हुए उद्धार का दर्शन दिखाऊंगा॥ - भजन संहिता 91:16

भजन संहिता 100

261. हे सारी पृथ्वी के लोगो, यहोवा के लिये जयजयकार करो! - भजन संहिता 100:1

262. आनन्द से यहोवा की आराधना करो! जयजयकार के साथ उसके सम्मुख आओ! - भजन संहिता 100:2

263. निश्चय जानो, कि यहोवा ही परमेश्वर है। उसी ने हम को बनाया, और हम उसी के हैं; हम उसकी प्रजा, और उसकी चराई की भेड़ें हैं॥ - भजन संहिता 100:3

264. उसके फाटकों से धन्यवाद के साथ, और उसके आंगनों में स्तुति करते हुए प्रवेश करो! उसका धन्यवाद करो, और उसके नाम को धन्य कहो! - भजन संहिता 100:4

265. क्योंकि यहोवा भला है, उसकी करूणा सदा के लिये, और उसकी सच्चाई पीढ़ी से पीढ़ी तक बनी रहती है॥ - भजन संहिता 100:5

भजन संहिता 117

266. हे सब जातियों, यहोवा की स्तुति करो! हे सब राज्य राज्य के लोगो, उसकी प्रशंसा करो! - भजन संहिता 117:1

267. क्योंकि उसकी करूणा हमारे ऊपर प्रबल है; और यहोवा की सच्चाई सदा की है। याह की स्तुति करो! - भजन संहिता 117:2

भजन संहिता 118

268. यहोवा का धन्यवाद करो, क्योंकि वह भला है; और उसकी करूणा सदा की है! - भजन संहिता 118:1

269. इस्राएल कहे, "उसकी करूणा सदा की है!" - भजन संहिता 118:2

270. हारून का घराना कहे, "उसकी करूणा सदा की है!" - भजन संहिता 118:3

271. यहोवा के डरवैये कहें, "उसकी करूणा सदा की है!" - भजन संहिता 118:4

272. मैं ने सकेती में याह को पुकारा, याह ने मेरी सुन कर मुझे चौड़े स्थान में पहुंचाया। - भजन संहिता 118:5

273. यहोवा मेरी ओर है, मैं न डरूंगा। मनुष्य मेरा क्या कर सकता है? - भजन संहिता 118:6

274. यहोवा मेरी ओर मेरे सहायकों में है; मैं अपने बैरियों पर दृष्टि कर सन्तुष्ट हूंगा। - भजन संहिता 118:7

275. यहोवा की शरण लेनी, मनुष्य पर भरोसा रखने से उत्तम है। - भजन संहिता 118:8

276. यहोवा की शरण लेनी, प्रधानों पर भरोसा रखने से उत्तम है। - भजन संहिता 118:9

277. सब जातियों ने मुझे घेर लिया है, परन्तु यहोवा के नाम से मैं निश्चय उन्हें काट डालूंगा! - भजन संहिता 118:10

278. उन्होंने मुझे घेर लिया है, निश्चय घेर लिया है; परन्तु यहोवा के नाम से मैं निश्चय उन्हें काट डालूंगा! - भजन संहिता 118:11

279. उन्होंने मुझे मधुमक्खियों की नाईं घेर लिया है, परन्तु वे कांटों की आग के समान बुझ गए; यहोवा के नाम से मैं निश्चय उन्हें काट डालूंगा! - भजन संहिता 118:12

280. तू ने मुझे बड़ा धक्का दिया था कि मैं गिर पडूं, परन्तु यहोवा ने मेरी सहायता की। - भजन संहिता 118:13

281. याह मेरा बल और भजन है; और वह मेरा उद्धार ठहरा है। - भजन संहिता 118:14

282. धर्मियों के तम्बुओं में जयजयकार और उद्धार का शब्द हो रहा है: यहोवा के दहिने हाथ से पराक्रम का काम होता है, - भजन संहिता 118:15

283. यहोवा का दहिना हाथ महान हुआ है, यहोवा के दहिने हाथ से पराक्रम का काम होता है! - भजन संहिता 118:16

284. मैं न मरूंगा वरन जीवित रहूंगा, और याह के कामों का वर्णन करूंगा। - भजन संहिता 118:17

285. याह ने मुझे बड़ी ताड़ना तो दी है, परन्तु मृत्यु के वश में नहीं किया। - भजन संहिता 118:18

286. मेरे लिये धर्म के द्वार खोलो, मैं उन से प्रवेश करके याह का धन्यवाद करूंगा। - भजन संहिता 118:19

287. यहोवा का द्वार यही है, इस से धर्मी लोग प्रवेश करने पाएंगे। - भजन संहिता 118:20

288. मैं तेरा धन्यवाद करूंगा, क्योंकि तू ने मेरी सुन ली है, और मेरा उद्धार ठहरा है। - भजन संहिता 118:21

289. राजमिस्त्रियों ने जिस पत्थर को निकम्मा ठहराया था, वही कोने का सिरा हो गया है। - भजन संहिता 118:22

290. यह यहोवा की ओर से हुआ है, और हमारी दृष्टि में अद्भुत है। - भजन संहिता 118:23

291. यह वह दिन है जो यहोवा ने बनाया है; हम इस में मगन और आनन्दित हों। - भजन संहिता 118:24

292. हे यहोवा, बिनती सुन, उद्धार कर! हे यहोवा, बिनती सुन, सफलता दे! - भजन संहिता 118:25

293. धन्य है वह जो यहोवा के नाम से आता है! हम ने तुम को यहोवा के भवन से आशीर्वाद दिया है। - भजन संहिता 118:26

294. यहोवा परमेश्वर है, और उसने हम को प्रकाश दिया है। यज्ञपशु को वेदी के सींगों से रस्सियों से बान्धो! - भजन संहिता 118:27

295. तू मेरा परमेश्वर है, मैं तेरा धन्यवाद करूंगा; तू मेरा परमेश्वर है, मैं तुझ को सराहूंगा। - भजन संहिता 118:28

296. यहोवा का धन्यवाद करो, क्योंकि वह भला है; और उसकी करूणा सदा की है! - भजन संहिता 118:29

भजन संहिता 121

297. मैं अपनी आंखें पर्वतों की ओर लगाऊंगा। मुझे सहायता कहां से मिलेगी? - भजन संहिता 121:1

298. मुझे सहायता यहोवा की ओर से मिलती है, जो आकाश और पृथ्वी का कर्त्ता है। - भजन संहिता 121:2

299. वह तेरे पांव को टलने न देगा, तेरा रक्षक कभी न ऊंघेगा। - भजन संहिता 121:3

300. सुन, इस्राएल का रक्षक, न ऊंघेगा और न सोएगा॥ - भजन संहिता 121:4

301. यहोवा तेरा रक्षक है; यहोवा तेरी दाहिनी ओर तेरी आड़ है। - भजन संहिता 121:5

302. न तो दिन को धूप से, और न रात को चांदनी से तेरी कुछ हानि होगी॥ - भजन संहिता 121:6

303. यहोवा सारी विपत्ति से तेरी रक्षा करेगा; वह तेरे प्राण की रक्षा करेगा। - भजन संहिता 121:7

304. यहोवा तेरे आने जाने में तेरी रक्षा, अब से ले कर सदा तक करता रहेगा॥ - भजन संहिता 121:8

भजन संहिता 128

305. क्या ही धन्य है हर एक जो यहोवा का भय मानता है, और उसके मार्गों पर चलता है! - भजन संहिता 128:1

306. तू अपनी कमाई को निश्चय खाने पाएगा; तू धन्य होगा, और तेरा भला ही होगा। - भजन संहिता 128:2

307. तेरे घर के भीतर तेरी स्त्री फलवन्त दाखलता सी होगी; तेरी मेज के चारों ओर तेरे बालक जलपाई के पौधों के समान होंगे। - भजन संहिता 128:3

308. सुन, जो पुरुष यहोवा का भय मानता है, वह ऐसी ही आशीष पाएगा। - भजन संहिता 128:4

309. यहोवा तुझे सिय्योन से आशीष देवे, कि तू जीवन भर यरूशलेम का कुशल देखता रहे! - भजन संहिता 128:5

310. वरन तू अपने नातियों को भी देखे! इस्राएल को शान्ति मिले! - भजन संहिता 128:6

भजन संहिता 133

311. देखो, यह क्या ही भली और मनोहर बात है कि भाई लोग आपस में मिले रहें! - भजन संहिता 133:1

312. यह तो उस उत्तम तेल के समान है, जो हारून के सिर पर डाला गया था, और उसकी दाढ़ी पर बहकर, उसके वस्त्र की छोर तक पहुंच गया। - भजन संहिता 133:2

313. और हेर्मोन की उस ओस के समान है, जो सिय्योन के पहाड़ों पर गिरती है! यहोवा ने तो वहीं सदा के जीवन की आशीष ठहराई है॥ - भजन संहिता 133:3

भजन संहिता 134

314. सुनो, यहोवा के सब दासो, तुम जो रात को यहोवा के भवन में खड़े रहते हो, उसको धन्य कहो! - भजन संहिता 134:1

315. पवित्रस्थान की ओर अपने हाथ उठाए हुए, यहोवा को धन्य कहो! - भजन संहिता 134:2

316. यहोवा जो आकाश और पृथ्वी का कर्त्ता है, वह तुझे सिय्योन से आशीष देवे! - भजन संहिता 134:3

भजन संहिता 136

317. यहोवा का धन्यवाद करो, क्योंकि वह भला है; उसकी करूणा सदा की है। - भजन संहिता 136:1

318. ईश्वरों के परमेश्वर का धन्यवाद करो; उसकी करूणा सदा की है। - भजन संहिता 136:2

319. प्रभुओं के प्रभु का धन्यवाद करो; उसकी करूणा सदा की है। - भजन संहिता 136:3

320. उसको छोड़ कोई बड़े बड़े आश्चर्यकर्म नहीं करता; उसकी करूणा सदा की है। - भजन संहिता 136:4

321. उसी ने अपनी बुद्धि से आकाश बनाया; उसकी करूणा सदा की है। - भजन संहिता 136:5

322. उसी ने पृथ्वी को जल के ऊपर फैलाया; उसकी करूणा सदा की है। - भजन संहिता 136:6

323. उसी ने बड़ी बड़ी ज्योतियां बनाईं; उसकी करूणा सदा की है। - भजन संहिता 136:7

324. दिन पर प्रभुता करने के लिये सूर्य बनाया; उसकी करूणा सदा की है। - भजन संहिता 136:8

325. रात पर प्रभुता करने के लिये चन्द्रमा और तारागण बनाए; उसकी करूणा सदा की है। - भजन संहिता 136:9

326. उसी ने मिस्रियों के पहिलौठों को मारा; उसकी करूणा सदा की है। - भजन संहिता 136:10

327. और इस्राएल को उनके बीच में से निकाल लाया; उसकी करूणा सदा की है। - भजन संहिता 136:11

328. बलवन्त हाथ और बढ़ाई हुई भुजा से; उसकी करूणा सदा की है। - भजन संहिता 136:12

329. उसी ने लाल समुद्र को दो भाग कर दिया; उसकी करूणा सदा की है। - भजन संहिता 136:13

330. और इस्राएल को उसके बीच से पार कर दिया; उसकी करूणा सदा की है। - भजन संहिता 136:14

331. और फिरौन और उसकी सेना को लाल समुद्र में डाल दिया; उसकी करूणा सदा की है। - भजन संहिता 136:15

332. उसी ने अपनी प्रजा को जंगल में अगुवाई की; उसकी करूणा सदा की है। - भजन संहिता 136:16

333. उसी ने बड़े बड़े राजाओं को मारा; उसकी करूणा सदा की है। - भजन संहिता 136:17

334. और प्रतापी राजाओं का वध किया; उसकी करूणा सदा की है। - भजन संहिता 136:18

335. अर्थात् एमोरियों के राजा सीहोन का; उसकी करूणा सदा की है। - भजन संहिता 136:19

336. और बाशान के राजा ओग का; उसकी करूणा सदा की है। - भजन संहिता 136:20

337. और उनके देश को मीरास होने के लिये; उसकी करूणा सदा की है। - भजन संहिता 136:21

338. अर्थात् अपने दास इस्राएल की मीरास होने के लिये दे दिया; उसकी करूणा सदा की है। - भजन संहिता 136:22

339. उसी ने हमारी दुर्दशा में हमारी सुधि ली; उसकी करूणा सदा की है। - भजन संहिता 136:23

340. और हमको हमारे शत्रुओं से छुड़ाया; उसकी करूणा सदा की है। - भजन संहिता 136:24

341. वही सब प्राणियों को आहार देता है; उसकी करूणा सदा की है। - भजन संहिता 136:25

342. स्वर्ग के परमेश्वर का धन्यवाद करो; उसकी करूणा सदा की है। - भजन संहिता 136:26

भजन संहिता 148

343. याह की स्तुति करो! स्वर्ग से यहोवा की स्तुति करो, ऊंचे स्थानों में उसकी स्तुति करो! - भजन संहिता 148:1

344. हे उसके सब दूतो, उसकी स्तुति करो; हे उसकी सारी सेना, उसकी स्तुति करो! - भजन संहिता 148:2

345. हे सूर्य और चन्द्रमा, उसकी स्तुति करो; हे सब चमकते तारो, उसकी स्तुति करो! - भजन संहिता 148:3

346. हे सब से ऊंचे आकाश, उसकी स्तुति करो; हे जल, जो आकाश के ऊपर है, उसकी स्तुति कर! - भजन संहिता 148:4

347. वे यहोवा के नाम की स्तुति करें; क्योंकि उसी ने आज्ञा दी और ये सिरजे गए। - भजन संहिता 148:5

348. उसने उनको सदा सर्वदा के लिये ठहरा दिया है; उसने ऐसा नियम बान्धा है जो टलने का नहीं॥ - भजन संहिता 148:6

349. पृथ्वी पर से यहोवा की स्तुति करो, हे मगरमच्छों और सब गहरे सागरो; - भजन संहिता 148:7

350. हे आग और ओलो, हिम और कुहरे; हे उसका वचन मानने वाली प्रचण्ड आन्धी; - भजन संहिता 148:8

351. हे पहाड़ो और सब पहाड़ियो; हे फलवन्त वृक्षो और सब देवदारो; - भजन संहिता 148:9

352. हे वनपशुओ और सब ग्राम्य पशुओ; हे रेंगने वाले जन्तुओ और पक्षियो; - भजन संहिता 148:10

353. हे पृथ्वी के राजाओ और सब राज्य राज्य के लोगो; हे हाकिमों और पृथ्वी के सब न्यायियो; - भजन संहिता 148:11

354. हे जवानो और कुमारियो; हे वृद्धो और बालको; - भजन संहिता 148:12

355. वे यहोवा के नाम की स्तुति करें, क्योंकि केवल उसी का नाम महान है; उसका ऐश्वर्य पृथ्वी और आकाश के ऊपर है। - भजन संहिता 148:13

356. उसने अपनी प्रजा के लिये एक सींग ऊंचा किया है, वह उसके सब भक्तों की, अर्थात् इस्राएलियों की जो उसके समीप रहते हैं, स्तुति का विषय है। याह की स्तुति करो! - भजन संहिता 148:14

भजन संहिता 150

357. याह की स्तुति करो! परमेश्वर की उसके पवित्रस्थान में स्तुति करो; उसकी सामर्थ्य से भरे हुए आकाशमण्डल में उसकी स्तुति करो! - भजन संहिता 150:1

358. उसके पराक्रम के कामों के कारण उसकी स्तुति करो; उसकी अत्यन्त बड़ाई के अनुसार उसकी स्तुति करो! - भजन संहिता 150:2

359. नरसिंगा फूंकते हुए उसकी स्तुति करो; सारंगी और वीणा बजाते हुए उसकी स्तुति करो! - भजन संहिता 150:3

360. डफ बजाते और नाचते हुए उसकी स्तुति करो; तार वाले बाजों और बांसुली बजाते हुए उसकी स्तुति करो! - भजन संहिता 150:4

361. ऊंचे शब्द वाले झांझ बजाते हुए उसकी स्तुति करो; अति शब्द वाले झांझ बजाते हुए उसकी स्तुति करो! - भजन संहिता 150:5

362. जितने प्राणी हैं सब के सब यहोवा की स्तुति करें! याह की स्तुति करो! - भजन संहिता 150:6

अन्तिम वचन

363. सब बातों का अन्त तुरन्त होने वाला है; इसलिये संयमी होकर प्रार्थना के लिये सचेत रहो। - 1 पतरस 4:7

364. और मैं उसे भोर का तारा दूंगा। - प्रकाशितवाक्य 2:28

365. सब कुछ सुना गया; अन्त की बात यह है कि परमेश्वर का भय मान और उसकी आज्ञाओं का पालन कर; क्योंकि मनुष्य का सम्पूर्ण कर्त्तव्य यही है। - सभोपदेशक 12:13

366. देख, मैं शीघ्र आने वाला हूं; और हर एक के काम के अनुसार बदला देने के लिये प्रतिफल मेरे पास है। - प्रकाशितवाक्य 22:12

हमारे प्रकाशन

नोट: मत्ती 10:8 के अनुसार, हमारे सभी प्रकाशन कॉपीराइट-मुक्त हैं और इन्हें निशुल्क तथा सार्वजनिक डोमेन (Public Domain) में उपलब्ध कराया गया है। इसलिए, आप हमारी अनुमति के बिना इन्हें डाउनलोड, प्रिंट और प्रकाशित करने के लिए स्वतंत्र हैं। आप हमारी सभी सामग्री www.WordOfGod.in या www.Archive.org से बिना किसी पंजीकरण (registration) या लॉगिन (login) के डाउनलोड कर सकते हैं।

1. Bible Concordances (Online, Apps & PDFs)
2. Bible Devotions (Online, Apps & PDFs)
3. Bible Dictionaries (Online, Apps & PDFs)
4. Bible Wallpapers (for Full Bible in many languages)
5. Promise Cards Designs (in many languages)
6. Good News Collections (Online, Apps & PDFs)
7. Bible App/Software Modules
8. Bible Stickers & Boards for Gospel (in many languages)
9. Gospel Tracts (in many languages)
10. Old Bibles (Online, Apps & PDFs)
11. Mobile Ringtones (Bible Verses / Songs, many languages)

தமிழ் புத்தகங்கள் (Print & E-Books):

1. *தம்பிரான் வணக்கம் 1578 [ஆசிரியர்: பழுங்காசு சீனிவாசன், ஏசுதாஸ் சாலொமோன்]*
2. *தமிழ் பைபிள் 1714 பாகம் 1 (மத்தேயு முதல் அப்போஸ்தலருடைய நடபடிகள் வரை)*
3. *தமிழ் பைபிள் 1714 பாகம் 2 (ரோமர் முதல் வெளிப்படுத்தல் வரை)*

4. ஒருவருட வேதாகமம் (E-Book)
5. ஒருவருட வேதாகமம் - சம்பவங்கள் நடந்த கால வரிசைப்படி (E-Book)
6. தமிழ் பைபிள் 1836 - இரேனியஸ் ஐயர்
7. வேதாகம புத்தக அறிமுகம் (E-Book)
8. தமிழ் வேதாகம ஒத்தவாக்கிய விளக்கவுரை (E-Book)
9. ஒரு வருட வேத வாசிப்பு திட்டம்
10. சங்கீதமும் நீதிமொழிகளும்
11. சங்கீத புத்தகத்திலுள்ள ஜெபங்கள்
12. வேதாகம மனப்பாட வசனங்கள் பாகம் 1
13. வேதாகம மனப்பாட வசனங்கள் பாகம் 2
14. Tanglish - Vedaagama Manappaada Vasanagal Bagam 1
15. Tanglish - Vedaagama Manappaada Vasanagal Bagam 2
16. Bible Coloring Books 01 Creation (E-Book)
17. Bible Coloring Books 02 Adam and Eve (E-Book)
18. Bible Coloring Books 03 Cain and Abel (E-Book)
19. Bible Coloring Books 04 Noah (E-Book)
20. ஞாயிறு பள்ளி பாடங்கள் - தொடக்கநிலை - 1
21. Tanglish - Gnayiru Palli Paadangal - Thodakkanilai - 1
22. Bible Coloring Book - Sunday School Syllabus Beginners 1 (E-Book)
23. வேதாகம தியானங்கள் பாகம் 1 - [40 லெந்து நாட்கள் [ஆசிரியர்: கிளாடிஸ் சுகந்தி ஹாசிலிட்]
24. வேதாகம தியானங்கள் பாகம் 2 - [40 லெந்து நாட்கள் [ஆசிரியர்: கிளாடிஸ் சுகந்தி ஹாசிலிட்]
25. வேதாகம தியானங்கள் பாகம் 3 - [25 கிறிஸ்மஸ் தியானங்கள். ஆசிரியர்: கிளாடிஸ் சுகந்தி ஹாசிலிட்]
26. வேதாகம தியானங்கள் பாகம் 4 [365 நாட்கள். ஆசிரியர்: கிளாடிஸ் சுகந்தி ஹாசிலிட்] (E-Book)

27. *வேதாகம தியானங்கள் பாகம் 5 [ஆசிரியர்: சார்லஸ் ஸ்பர்ஜன்]* (E-Book)
28. *அபிஷேகம் [ஆசிரியர்: Rev. Dr. A. பிரகாசம்]* (E-Book)
29. *என் வாழ்வில் தேவனுடைய கிருபை [ஆசிரியர்: Rev. Dr. A. பிரகாசம்]*
30. *தமிழ் இணைநிலை வேதாகமங்கள்* (E-Book)
31. *கர்த்தருக்குச் சித்தம் [ஆசிரியர்: Rev. Dr. A. பிரகாசம்]*
32. *சீகன்பால்குவின் ஓலைச்சுவடி பிரசங்கங்கள்*
33. *70 விதமான பாக்கியவான்கள் [சீகன்பால்கு]* (E-Book)
34. *தமிழ் வேதாகம பழைய மொழிபெயர்ப்புகள்* (E-Book)
35. *சிறுவர்களுக்கான மாதிரி ஜெபங்கள் பாகம் 1 & 2*
36. *விசுவாச ஜீவியம் [S. பரமானந்தம் ஐயர்]* (E-Book)
37. *அன்பின் ஜீவியம் [S. பரமானந்தம் ஐயர்]* (E-Book)
38. *தேவசித்த ஜீவியம் [S. பரமானந்தம் ஐயர்]* (E-Book)
39. *நீங்கள் இயேசு கிறிஸ்துவை அறிய வேண்டியது மிக மிக அவசியம் [S. பரமானந்தம் ஐயர்]* (E-Book)
40. *கிறிஸ்தவ கடவுள் யார்? அவர் எப்படிப்பட்டவர்?* (E-Book)
41. *இயேசு கிறிஸ்து யார்? அவர் எப்படிப்பட்டவர்?* (E-Book)
42. *ஸ்ட்ராங்க்ஸ் எபிரேய அகராதி* (E-Book)
43. *ஸ்ட்ராங்க்ஸ் கிரேக்க அகராதி* (E-Book)
44. *குணமாக்கு வேத மாத்திரை (வசனங்கள்)*
45. *பல்வேறுக் கைப்பிரதிகள்*

46. யாசேரின் ஆகமம்

English Books (Print & E-Books):

1. One Year Reading Bible (E-Book)
2. One Year Reading Bible – Chronological order of the events (E-Book)
3. One Year Bible Reading Plan
4. Bible Memory Verses Volume 1
5. Bible Memory Verses Volume 2
6. Bible Coloring Books 01 Creation (E-Book)
7. Bible Coloring Books 02 Adam and Eve (E-Book)
8. Bible Coloring Books 03 Cain and Abel (E-Book)
9. Bible Coloring Books 04 Noah (E-Book)
10. English Parallel Bibles [Hebrew, Greek, Latin, English all in one] (E-Books)
11. Model Prayers for Kids Volume 1 & 2
12. Your Lifelong Bible Guide for Every Stage of Life
13. Healing Bible Tablet (Scriptures)
14. Gospel Tracts

हिंदी पुस्तकें (Print & E-Books):

1. चंगाई बाइबिल टैबलेट (वचन) 2.0
2. बाइबिल के याद करने वाले वचन - भाग 1
3. एक वर्षीय बाइबिल (E-Book)
4. एक वर्षीय बाइबिल - कालानुक्रमिक रूप में (E-Book)

తెలుగు పుస్తకాలు (E-Books):

1. ఒక సంవత్సరపు బైబిల్
2. ఒక సంవత్సరపు బైబిల్ - సంఘటనల కాలానుక్రమంలో

ಕನ್ನಡ ಪುಸ್ತಕಗಳು (E-Books):

1. ಒಂದು ವರ್ಷದ ಸತ್ಯವೇದ
2. ಒಂದು ವರ್ಷದ ಸತ್ಯವೇದ - ಘಟನೆಗಳ ಕಾಲಾನುಕ್ರಮದಲ್ಲಿ
3. ವಿವಿಧ ಕರಪತ್ರಗಳು

മലയാളം പുസ്തകങ്ങൾ (E-Books):

1. ഒരു വർഷത്തെ ബൈബിൾ
2. ഒരു വർഷത്തെ ബൈബിൾ - സംഭവങ്ങളുടെ കാലാനുക്രമത്തിൽ

www.ingramcontent.com/pod-product-compliance
Lightning Source LLC
LaVergne TN
LVHW090334210926
848480LV00004B/1408